KB202702

당신을 위로하지 않는 책

찔림

신동필 지음

시커뮤니케이션

찔림을 준비하며

주님의 찔림을 생각하며 나를 다시 돌아봅니다.

나는 찔려서 깨어져야겠습니다
내 안의 주님만이 드러나게 말입니다

나는 찔려서 깨어져야겠습니다
주님의 형상으로 빚어지게 말입니다

나는 찔려서 죽어야겠습니다
나의 허물로 찔리신
예수로 살기 위해서 말입니다

나는 부디 죽어서
오늘도 삶의 무게에 눌려
깨어져 아파하는 한 영혼을 찾아가는
작은 예수로 살아야겠습니다

2017년 첫 출간 되었던 찔림의 개정판을 낸다는 출판사의 말을 들었을 때
모두가 힘겨워하는 하루 하루이기에
좀 더 따뜻한 글이 필요한 것 아닌가 생각했습니다.
하지만 나의 생각은 내려놓고 절망의 자리에 임하실 주님의 사랑과
회복의 역사만을 잠잠히 바라기로 했습니다.

짧은 글이지만 깊은 묵상으로 큰 찔림과 울림이 있기만을,
아파도 함께 찔려서 깨어 기도하는 우리 되기를 바랍니다.

지금 이 책을 집으신 당신의 삶 가운데 주님이 늘 함께 하시기를 소망합니다.

오직 주님 홀로 영광 받으소서.

2021. 2. 26
신동필

목차

당신을 위로하지 않는 책

찔림

신동필 지음

시커뮤니케이션

왠 성화야 »»

여전히 참 인간적이세요

밤마실 »»

그리스도와 함께 십자가에 못박혔다가

나만 홀로 내려옵니다

부자세습 »»

금과 은 너 있어도

내게 있는 것 또 네게 주니

신원미상 »»

세상이 미워하는 그리스도인인가요
세상도 몰라보는 그리스도인인가요

도로아미타불 »»

간절히 기도한 후

아주 조금만 의심하면 됩니다

진범 »»

세상은 서로 죄인이라 하지만

우리는 내가 죄인이라 합니다

남의 눈 »»

하나님의 심판은 통과한데도
사람의 심판은 못 피합니다

역주행 »»

세상은 악해져만 가는데

우리는 약해져만 가나요

통역 급구(경력 무관) »»

통성 기도

간음한 군중 »»

나는

간음한 여인인가요

돌을 든 군중인가요

지체인 듯 지체 아닌 »»

팔에선 피가 나는데
입에는 웃음 한가득

금지옥합 »»

옥합은 깨뜨려야 옥합이고

향유는 부어야 향유입니다

회칠한 회개 »»

갈기 갈기 찢은 옷 사이로

잘 차려입은 마음이 보입니다

마르다 »»

월 화 수 목 금 토 일

교회에서 섬기죠

교회 »»

세상이 악해서 핍박 받나요
나부터 이러니 조롱 받지요

횡령 »»

십분의 일을 먼저 드리고

십분의 구는 편히 씁니다

교파 »»

삼십 배 백 배 열매를 맺나요

삼십 배 백 배 가지를 치나요

코로나19 »»

사람은 2m, 주님은 0m, 사랑은 격리 위반

내 침 »»

누워서 헤아리고 비판하고 정죄합니다

창작의 고통 »»

하나님의 모습 내가 빚습니다

맘에 안들어 깨뜨리고 다시 빚습니다

기도 »»

구할 것이 많은가요
버릴 것이 많은가요

웬쑤 »»

외나무 다리에서

사랑하라 하십니다

반 반 »»

이 맘 다해 하나님을 사랑하고

저 맘 다해 저를 사랑합니다

립싱크 »»

시늉만 내는 노래 저도 알겠는데요

흉내만 내는 신앙 주님 모르실까요

때가 악하니라 »»

예전엔 옷깃만 스쳐도 인연

지금은 옷깃만 스쳐도 짜증

음성 »»

안 들린다 하지 말고
세상 볼륨 줄여 봐요

말씀은요 »»

Here and to-go!

일하심 »»

→

꼼짝 마

내가 한다

↑

막상막하 »»

지하교회가 안타깝나요

지상교회가 불쌍하네요

준비물 »»

자기 십자가

입국심사 »»

숨겨 놓은 자기 의

자진 신고 해야죠

저예요! »»

주님은 "초면입니다" 하실지

모를 일이죠

투 페이스 »»

발 씻겨 준 손

씻고 또 씻습니다

원조 »»

말씀이 꿀 맛인데

맛 집 찾아 헤맵니다

도개걸윷모 »»

그 중에 제일은

주님께 업혀 가는 것입니다

자유의지 »»

나의 자발적 의지로

주님 뜻만을 구해요

클래스 »»

나귀 타고 오신 주님
세단 타고 마중 가죠

주객전도 »»

주님이 당신을 쓰시나요

당신이 주님을 쓰시나요

뉴스 »»

같은 사건 사고 계속 반복됩니다

하나님께서 인내로 시청하십니다

성대모사 »»

내게서 나는 그 놈 목소리

둘째 아들 »»

잘 먹고 또 집 나갑니다

주되심 »»

성부 성자 성령 나

사위일체

47

생색 »»

내게 있는 모든 것 주께 드린답니다
내게 있는 모든 것 주님의 것인데요

뭐하세요 »»

소경은 눈을 떴는데

우리는 입만 엽니다

여행 »»

옆 집 얼굴 모르면서

땅 끝 가려 하시나요

관객 »»

예배를 보시나요

예배를 드리나요

오픈 테스트 »»

시험은

내 안에서 나옵니다

주님 유턴하실라 »»

길 잃은 양 바로 옆 지나가도
'마라나타' 외침만 무성합니다

식물인간 »»

나무 떠난 가지들

가지 가지 합니다

내 구역 »»

쓰임 받기 원합니다

거기 말고 여기서요

오늘의 특선 »»

요리 : 선 (善)

재료 : 좋은 일, 궂은 일,

생각지도 못한 일

무죄 »»

한 회개 또 하고

한 회개 또 하면

듣는 주님은 무슨 죄

장기자랑 »»

둥그렇게 모여 앉아

은사 자랑 합니다

불사조 »»

내 안의 나

2nd Round »»

누가 더 큰지 싸우다가

누가 더 작나 싸웁니다

.

마구간 »»

발 없는 말들

교회에 모여 있습니다

버킷리스트 »»

세상 리스트 버리기

반성문 »»

후회하며 보낸 시간 아깝다며

후회하고 있습니다

여긴 어디 »»

저 하늘이 하늘나라 인가요

그 어디나 하늘나라 인가요

비대면 »»

열 길 물 속은 알면서

한 길 사람 속

알려고도 않습니다

심판대 »»

항소할 수 없습니다

배꼽시계 »»

말씀도 딱

배 만큼만

고팠으면 좋겠네요

울리는 징 »»

같은 곳에서 배웠나요
천사의 말들만 합니다

세상에나 »»

오른 손 시작도 안한 일

왼 손 이미 알고 있네요

단골기도 »»

연약한 인간이기에 또 …
단골이라 눈감아 주실까요

목수 »»

누군가에게 못을 박았나요
누군가의 못을 뽑아줬나요

큰일이다 »

네 믿음대로 될지어다

오 놀라워라 그대 »»

보이는 이웃 보다

보이지 않는 주님

더 사랑 한답니다

환난 »»

축하합니다

SNS »»

좋아요에 좋아하는 사람들

주님도 좋아요 누르실까요

문제 있나요 »»

문제보다 더 크신

하나님 못 봄이 문제입니다

기상 »»

당신의 아침을 깨우는 것

소명인가요, 알람인가요

법 »»

당신이 아무것도 할 수 없어야

주님이 무엇이든 할 수 있어요

이런 저런 »»

저 인간… 목까지 차오르려 하면
이 인간… 대신한 주님 생각해요

과학수사 CSI »»

실상과 증거를 보아야 믿겠습니까

상상 »»

주여 주여 하는 자 마다

모두 천국에 간다면

천국이 지옥 같겠죠

양파 »»

까도 까도 나오는 추악함

눈물 날 지경입니다

이웃사랑 »»

사랑할 이웃 골라 합니다

잘못 골랐다며 바꿔 합니다

주님의 뜻 »»

뜻 밖의 뜻이라도 뜻대로 따라야죠

먼저 된 자 »»

→

뒤에 또 늘어선 줄 안보이나요

↑

다른 자 »»

믿음의 크기를 재시나요

아픔의 깊이를 재시나요

유체이탈 »»

육신은 낮은 곳으로
마음은 높은 곳으로

더 아픈 말 »»

아파 봐서 아픈 당신 맘 안다고 합니다
그 사람 그냥 아파 본 사람일 뿐입니다

검진 »»

세상 가운데 편안한가요

주님 안에서 평안한가요

차이나 »»

높아지고자 낮아지는 사람

낮아지고자 낮아지는 사람

아…브라함 »»

바랄 수 없는 중에 바라나요

받을 것 같을 때에 바라나요

빛과 소금 »»

얼마나 눈이 부신지 주님 모습을 가립니다

자기 열심에 땀 범벅 되어 짠 맛을 냅니다

무용담 »»

당신의 신앙

현재형인가요, 과거형인가요

열매는요 »»

가지 부러질 걱정 때문은 아니겠지요

교양 »»

자랑도

어찌 그리 겸손하게 잘 하는지요

요지경 »»

세상 차별 싫어 교회 왔다가
교회 차별 심해 그냥 갑니다

염려가 제일 쉬웠어요 »»

어제 걱정 복습하고

내일 근심 예습하죠

탐심 »»

이웃의 십자가도

가벼워 보입니다

아는 성도 »»

→

슬쩍 외면하고 싶은 말씀

힘써 붙잡을 음성 입니다

프리젠테이션 »»

고객의 요구에 충실한 말씀

설교라 쓰고 피티라 읽지요

연기대상 »»

'본이 되는 삶'에서

멋진 연기 보여 준 당신께 드립니다

저울질 »»

이랬다

저랬다

추해요

멀티플레이어 »»

입은 주만 의지한다면서

손은 연락처 검색합니다

건망증 »»

아 맞다
나 크리스천이지

Endless Love »»

→

돈 돈 돈 모두 다 돈 거지요

↑

쌈닭 »»

매일 그냥 싸우나요

선한 싸움 싸우나요

유행어 »»

주님 한 분이면 충분합니다

감사절 »»

자연스레 나오는 불평
작심하고 드리는 감사

편집 »»

원하는 말씀만 잘도 잘라 붙입니다

어쩌죠 »»

무슨 일이든 주께 하듯 하면

그 사람 정말로 화낼 거에요

지혜야 »»

광장에 있는 것 뻔히 알면서

왜 어둔 골목길 서성 대나요

복 창 »»

마지막 때 다가 오는데

복 복 복 소리뿐입니다

이상해 »»

세상이

당신을 미워하지 않는데

안 이상한가요

흔한 거짓말 »»

밥 한번 먹어요

기도 할게요

주일에만 가족 »»

형제님

자매님

비즈니스 »»

두근에는 두근
사랑도 계산 합니다

은혜 »»

값 없이 받아서

값어치를 잊었나요

응급실 »»

입만 살았습니다
믿음은 안 뜁니다

통독 »»

백문이 불여일견

백견이 불여일행

복종 »»

내가 나를 쳐야지
지금 누굴 치나요

둘 다 그만 »»

세상은 악을 행하며 기뻐하는데
우리는 선을 행하며 낙심하나요

누가 뭐라 했나요 »»

주님만 아시면 됩니다
주님만 아시면 된다니까요

사역 »»

얼마나 바쁜지

아버지 얼굴도 못 봅니다

왜 찔러 »»

주님은 우리 허물 위해 찔리셨는데

우리는 이유 없이 서로를 찌릅니다

QT »»

경건의 시간 끝나면

경건도 끝인 건가요

한번 잡숴봐 »»

오늘도

먹음직, 보암직, 탐스럽기도한

과수원 길 걷지요

믿는 자 »»

능치 못한 일이 없는 건가요

능치 못한 말만 없는 건가요

저금리 »»

달란트

은행에 맡겨만 놓을 건가요

이상기후 »»

세상은 점점 뜨겁고 차가워지는데
교회는 점점 미지근해져만 가네요

앞서거니 뒤서거니 »»

주만 따라 간다면서요

주와 동행 한다면서요

트랜스포머 »»

→

필요할 때에만 연합하고

끝난 뒤에는 분리합니다

시민권 »»

둘 중에 하나는 버려야지요

불신앙 »»

나는 할 수 없다는 수십 가지의 이유를 댑니다
내가 할 수 있다는 수십 가지의 이유를 댑니다

끝 »»

이 사람 저 사람 뭐라 해도

휘슬은 주님이 부십니다

한 끗 차이 »»

나보다 남을 낮게 여기나요

나보다 남을 낮게 여기나요

잠 못 드는 밤 »»

잃어버린 양 때문에 양을 세나요
세상의 걱정 때문에 양을 세나요

고장 난 시계 »»

초침처럼 순식간에 스쳐가는 감사

시침처럼 꿈쩍 않고 멈춰있는 불평

영 꽝 »»

그냥

먹고 마시고 무엇을 합니다

땅 짚고 기어가기 »»

믿음은 물 위를 걷는데
불신은 땅 위도 기네요

위장전입 »»

주님 안에 거한다며
세상 속에 사시나요

대청소 »»

주님의 통로 되기 구하기 전

통로 안 쓰레기 먼저 치워요

반석 위의 믿음 »»

사람을 믿는 만큼만
주님을 믿어 보아요

쌍둥이 »»

주 앞에 우리는

똑같은

죄인일 뿐입니다

무슨 향수 쓰시나요 »»

주님의 향기

화려한 외출 »»

십자가를 손에 차고

십자가를 목에 걸고

십자가의 길 걸어요

금단현상 »»

이생의 자랑 끊었더니
영성의 자랑 당기나요

시선 »»

지금 돌아서면 마주하게 되는 것

주님인가요, 세상인가요

시간절약 »»

한 사람 한 사람 위해 기도 하다가

퉁쳐서 한번에 합니다

압박 기도 »»

————————————→

먼저 그 나라와 그 의를 구합니다

나머진 알아서 주셔야지 하면서요

방언 »»

때와 장소는 가려야지요

중언방언 »»

주님도 못 알아들으십니다

주기도문 »»

내가 이러려고 가르쳐줬나

화평 »»

생명으로 찢으신 휘장

나의 죄로 다시 꿰맵니다

방 빼 »»

사는 게 사는 게 아닌 것 같은 건

내 안에 내가 살기 때문이죠

리 바이블 »»

먼저 그 나라와 그 의를 구하고

또 그 나라와 그 의를 구합니다

주만 바라볼찌라 »»

만에 밑줄 쫙
아니 전부 쫙

아수라 목장 »»

목자가 양의 이름을 모릅니다
양이 목자의 음성을 모릅니다

혈액형 »»

J형

핏속까지 주님 닮고 싶어요

겸손과 교만 사이 »»

내가 얼마나 교만한지 몰라요

한 번만 더 하면 백 번째에요

1 + ALL »»

주님 한 분 만나면

이 세상 모두 당신 것 입니다

컨닝 »»

아무리 머리 써봐도 답 안 나옵니다

말씀 보며 따라 쓰는 게 정답입니다

분실물센터 »»

주인 잃은 첫사랑들

가득 쌓여 있습니다

편견 »»

사람 편에 서면 생겨나고
주님 편에 서면 사라지죠

탈출 »»

교회의 탈을 쓴 모임

섬김의 탈을 쓴 열심

묻지마 정죄 »»

너의 이유는 핑계
나의 이유는 이유

솔트 앤 더 시티 »»

돌아보지 마

강심장 »»

마음의 중심 보신다는데

어찌 그리 당당한가요

O, X »»

세상은 매 순간 타협하라 하지만

우리는 매 순간 선택해야 합니다

I am nothing »»

→

이것밖에 안 됐나 실망했나요

그것도 안되니까 자책 말아요

혀 »»

주눅든 다른 지체
모두 잠잠 합니다

올 F »»

나의 계산

악 »»

세상 가장 아름다운 모습으로 찾아와

세상 가장 비참한 모습으로 만듭니다

안전운전 »»

일단 삼단만 쓰세요

이단 사단은 안돼요

천생연분 »»

키와 외모를 보는 당신

스펙과 능력을 보는 나

끝판 왕 »»

모두 져주세요

영적 싸움만 빼고요

성도의 교제 »»

시끌벅적

낄 자리 없는 주님 그냥 돌아갑니다

징조 »»

성공이 보이나요 마음 굳게 먹으세요
절망만 보이나요 이제 희망 품으세요

매일 철야 »»

사람은 3교대
주님은 0교대

서로 사랑하라 »»

당신이 주님의 제자인 줄

알아 볼 수 있을까요

가나안가나 »»

젖이 흘러도 못 믿으니
꿀을 주셔도 못 먹지요

NG! »»

→

컷!

겉 사람이 새로워지면 어떡하나요

중독 »»

사단이

무한 리필 해줍니다

의기양양 »»

목자가 양을 따르고
양이 목자를 칩니다

주특기 »»

모두가 불가능하다는 것들만

골라 하십니다

날강도 »»

날 향한 주의 뜻을 구합니다

마음에 드는 뜻 받을 때까지

#ootd »»

'오늘은 뭐 입나' 고민되나요
우리는 매일 '새사람' 입어요

신의 한 수 »»

주님께 올인

꿈 깨 »»

꿈에라도 뵙고 싶어 여태 자는 건가요

도적같이 오신 다니 그만 깨어 나세요

못 빼 »»

있는 사람이 더하고

믿는 사람이 더해요

미션 »»

세상의 방법으로는 미션 임파서블

성령의 도우심으로 낫싱 임파서블

재난의 위로 »»

찢어진 고막에 잘 들리라 소리 칩니다

피 멍든 가슴을 괜찮다며 툭툭 칩니다

학구파 »»

배움은 끝이 났는데
행함은 기약 없네요

순종 »»

농부도 물고기를 잡습니다

광부의 그물도 찢어집니다

부작용 »»

권면은 아무나 하나
권면은 아무나 듣나

호흡하는 자 »»

살아 있는데 한숨 쉬나요

살아 있으면 찬양 해야죠

의식불명 »

하나님보다 사람을 더 의식합니다

나 지금 떨고 있니 »»

두렵고 떨림으로 주님만 경외하나요

어둠에 사로잡혀 두려워 떨고 있나요

주목

* 우리가 주목하는 것은 보이는 것이 아니요 보이지 않는 것이니

거울아 거울아 이 세상에서 »»

어제보다 오늘 더 예수님 닮아 있나요
어제보다 오늘 더 내 모습 선명한가요

찔림

1판1쇄 2017년 10월 20일
2판1쇄 2021년 4월 17일

지은이 신동필
발행인 최지윤
발행처 시커뮤니케이션 (2014년 10월 20일   제 2019-000012호)
        www.seenstory.co.kr
        facebook.com/seeseesay
        seenstory@naver.com
        T. 031)871-7321 F. 0303)3443-7211

ISBN   979-11-88579-62-4 (00230)

* 이 책은 저작권법으로 보호를 받는 저작물이므로 내용 전부 또는 일부의 무단 전재, 복제를 금합
니다. 저작권에 관한 허가는 저작권자와 시커뮤니케이션 모두의 서면 동의를 얻어야 합니다.
* 책값은 뒤표지에 있습니다.
* 파본은 구입처에서 교환하여 드립니다.